ESQUIZOFRENIA

B.Sanders Niell

Código de registro: 1708173304817

Fecha de registro: 17-ago-2017 1:32 UTC

"El payaso no soy yo, sino esa sociedad tan monstruosamente cínica e inconscientemente ingenua que interpreta un papel de seria para disfrazar su locura." Salvador Dalí

INDICE

Introducción

Querido lector,

No es mi ánimo exponer aquí todos los pormenores científicos acerca de la Esquizofrenia, sino relatar las circunstancias que acompañan a los familiares de personas que la padecen.

Como hay muchas clases de padecerla, no quiero entrar en categorías, pues incluso una misma forma de esquizofrenia puede presentar a lo largo de la vida, diferentes fases, así pues, los síntomas que se manifiestan ahora pueden cesar en un tiempo o al revés, ciertas neurosis pueden aparecen con el tiempo según sea la forma de vida de la persona que la sufre.

He recogido testimonio de algunos casos ,cuyas manifestaciones pueden resultarle a ud, lector, lectora, de ayuda para conocer mejor cómo influye en la vida de los que la padecen y de sus familiares.

Los nombres de los testimonios están ,

evidentemente, respetando su intimidad, cambiados.

He respetado sus identidades para que puedan facilitar todo tipo de detalles a la hora de revelar sus avances o retrocesos , sus angustias o sus satisfacciones, según hayan sucedido los acontecimientos relatados.

Los cambios de humor repentinos, la actitud despectiva que muestran aunque no haya razón para justificarla, bajones en el estado de ánimo súbitos, depresiones, angustia, grosería en el modo de actuar, con intermitencias en las que hay calma y disculpas para volver a manifestar ese carácter desagradable, prepotente muchas veces, cambiando continuamente de opinión ante todo....llevan al desespero de quienes conviven con ellos.

Familia Benard

Un gran porcentaje de pacientes (no me gusta la palabra paciente, pero hay que reconocer que padecen una enfermedad), adquirieron este

trastorno al haber consumido algún tipo de droga ,
y ello, sumado a los episodios de estrés,
desestabilización familiar , pueden dar lugar a un
cuadro neurótico difícil de llevar.

Los familiares no saben qué hacer. Ese hijo,
hermano, primo, marido...etc que antes era una
persona "normal", de pronto, empieza a mostrar
agresividad, consigo mismo y con el entorno,
desafiando la armonía en el hogar.

Para un padre o una madre, que ante todo
procuran el bienestar de la familia, este hecho
supone todo un caos.

Empiezan a plantearse si su hijo estaba
consumiendo drogas. En el caso de verificarlo, , ya
se les viene el mundo abajo cuando intentan que
abandone esa adicción.

Pero ya sabemos la dependencia que comporta ese
consumo.

Algunos padres, como la familia M.Bernard,
supieron por un vecino, amigo de su hijo, que éste
había consumido anfetaminas para poder estudiar
, pues no se veía capaz de memorizar todos los
temas que tenía para el examen final de Biología.
Se hizo todo lo posible para que Joan dejara esas
pastillas que le iban a perjudicar, y que ya le
habían cambiado el carácter.

De ser un niño modélico, tranquilo, amable,

cariñoso, pasó a ser una persona intranquila, nerviosa, molesta por cualquier cosa, maltratando incluso a la mascota de la casa...

La familia Bernard decidió llevarlo a un especialista, con la negativa de Joan por medio, haciendo muy cuesta arriba esa exploración psicológica que tanto precisaba.

Pudieron convencerle cuando, en uno de los episodios de gran estrés, propinó un gran puntapié a la puerta de su dormitorio rompiéndola.

Todos en la familia lloraban y le rogaban que fuera a la consulta, que esa situación era desquiciante, siempre enfadado por cualquier pormenor: que si había mucho ruido del ascensor del edificio, que si no encontraba su pantalón favorito, que si le habían tocado sus cosas....hasta decía que oía voces pronunciando su nombre, levantándose por las noches para buscar por la casa quién le llamaba..

Una vez en la consulta del psiquiatra, y evaluando su trastorno, éste le diagnosticó esquizofrenia paranoide, y le recetó unas pastillas para controlar ese desequilibrio.

Al principio, las pastillas le apaciguaron y su mejoría fue notoria.

Pero empezó a engordar, se le hinchaba la cara y la expresión facial era como de estar suspendido en una "paz artificial". Los vecinos, amigos, se dieron cuenta de su estado, estaba medicado, y no hacían más que insinuarle si había pasado por una depresión.

Cansado de este efecto en los demás, decidió dejar las pastillas, y volvieron los episodios , pero esta vez más fuertes.

Un día, los padres había ido a comprar y cuando llegaron a casa encontraron todo revuelto. Se asustaron pensando que habían entrado a robar. Pero no, había sido su hijo Joan que, intentando buscar una llave "mágica" había puesto patas arriba toda la casa, maldiciendo , golpeando las paredes , insultando a los vecinos pues creía que se la habían robado...

Intentaron calmarle, y con mucha paciencia le prometieron que al día siguiente irían a buscar esa llave al coche, a ver si allí estaba ....

Gracias a esa actitud comprensiva por parte de los padres, no fue a más aquél incidente. Al día siguiente fueron a la consulta con urgencia para encontrar una solución.

Volvió a suministrarle una medicación , pero esta vez sin tantos efectos secundarios.

Con ayuda de una terapeuta, iniciaron unas sesiones de relajación que incluían meditaciones grupales.

-"Cada semana , nuestro hijo acudía a esas reuniones , con ánimo de progresar, y así fue".-

Le enseñaron a calmar su mente.

Mediante unas técnicas de visualización, les facilitaban recrearse en pensamientos positivos, agradables, que les brindaran paz y sosiego. A algunos les apetecía imaginarse en un prado verde, al que habían ido alguna vez en su vida, recordando las sensaciones tan buenas que allí tenían, la frescura del verde, la brisa en la cara, el poder respirar aire puro y limpio... proporcionando en esos momentos el suficiente estado para entrar en la meditación sin distraerse con otro tipo de pensamientos.

Acompañado de una música relajante, clásica, instrumental, les iban diciendo que dejaran todas sus preocupaciones, que se fijaran en ese motivo que les daba tanta paz, cualquiera que fuese. Entonces, sentados, con las piernas sin cruzar, distendidas, algo separadas, las manos sobre los muslos con las palmas hacia arriba, iban poco a poco calmando su sistema nervioso.

Les decían frases con una motivación muy beneficiosa:

"Eres una criatura de Dios" "Él te ama y desea que seas feliz" "Tienes toda la vida por delante para empezar de nuevo" "Cada día es un regalo que te da la vida, disfrútala" "Da lo mejor de ti" "Ama a los tuyos, ellos serán felices si tú lo eres"........

Con ello, conseguían devolver esa autoestima que había perdido debido a sus crisis psicóticas. Volvían a sus casas con otra cara, más tranquilos, dispuestos a controlar sus ataques de nervios, sabiendo que a alguien le importaba su evolución.

Al cabo de un año de continuas terapias y de tomar la medicación administrada por su psiquiatra, Joan no mostró ningún episodio de cólera ni agresividad más, al contrario, se volvió totalmente considerado hacia su familia, procurando siempre satisfacer cualquier necesidad que surgiera. Su trastorno se resolvió, gracias a la constante intervención del equipo terapéutico y sobretodo la paciencia y el cariño con el que se volcó su familia, que supo guiarle hacia su propio autocontrol.

Familia Hudson

Michael era un niño algo especial , no solía tener muchos amigos, pues era muy persistente con todo y les llegaba a cansar tanta insistencia por cualquier cosa. Cuando quedaba con ellos les hacía un interrogatorio tan exhaustivo sobre qué harían, dónde irían, si merendarían o no..si esto o lo otro..que a los demás niños les resultaba insoportable.

Normalmente un niño no es tan quisquilloso a la hora de quedar, más bien lo que le interesa es pasar un buen rato sin pensar en tantas cosas.

Sus padres se separaron por motivos de una infidelidad por parte del padre, y cada vez que le tocaba ir a su casa, era una odisea para la madre preparar su maleta, pues Michael necesitaba saber qué iba a hacer a cada hora!!! Era desesperante!

Pero lo veían como una manía propia de su carácter, nada más.

El año en que tuvo que cambiar de centro educativo, para entrar en el ciclo de grado superior, todo se complicó. Los nuevos compañeros se quejaban de su forma de ser, pues en clase intervenía demasiadas veces obstaculizando en las clases.

Ante el rechazo de sus nuevos compañeros, comenzó a manifestar una actitud , primero depresiva y después agresiva. Su madre le encontraba la mochila rota, pues se la tiraban unos a otros en el patio..le quitaban cosas, parte del material de clase, que tenían que volver a comprar...le llamaban pesado....hasta que explotó y embistió a varios golpeándolos hasta que un profesor le detuvo y le llevó ante el director.

No podían cambiarle de centro, dado que no había motivo suficiente...las peleas eran normales a su edad...al menos eso decían en el equipo psicopedagógico del centro.

Michael dejó de intervenir en clase, se cerró en sí mismo y empezó a hablar solo en casa...

Creía que escuchaba voces, que le hablaban sobre el fin del mundo y cosas parecidas.

En la mesita de noche, su madre encontró unos escritos que incluso avisaban de un eminente suicidio que iba a protagonizar, pues sólo así dejaría de ser un problema para todos.

Inmediatamente, su madre hizo saber esta terrible intención al médico, y éste le envió al departamento de atención pediátrica especializado en psiquiatría.

Enseguida tomaron medidas, cambiándolo de centro, a otro con mejor equipo pedagógico. Inspección educativa se hizo cargo del cambio sancionando al centro por no haber visto a tiempo el problema. Su hijo , ajeno a lo que su madre descubrió, siguió escribiendo todo tipo de pensamientos que pasaban por su cabeza.

La muerte era el principal tema en sus escritos.

¿Cómo podía esa madre estar tranquila pensando que su hijo podía suicidarse en cualquier momento?

Intentaba por todos los medios ofrecerle incentivos: le compró los mejores videojuegos, le llevaba al cine siempre que podía..... llegó a dejar el trabajo para estar 100 por 100 con él.

Eran todo intentos por devolverle la ilusión, incluso echaba de menos esos interminables interrogatorios para cada salida al campo o a comprar, o elegir restaurante...

Tuvo la suerte de que, la nueva pareja de su padre era psicóloga, y le empezó a incorporar en su grupo de inserción social, asociándole tareas que podía fácilmente desempeñar.

Entre esas actividades que le encomendaba, estaba el cuidarse de los libros de la biblioteca del pueblo, ayudar con los préstamos y devoluciones, ordenar el material, etc...

Poco a poco comenzó a ser el mismo. Llegaba a casa contando a su madre todo lo que había hecho en la biblioteca, presumiendo de ser un gran organizador de los volúmenes de libros que allí tenían, según él, todos descolocados.

Esa tarea le convirtió en un ser feliz. Obtuvo una gran satisfacción con su labor, sintiéndose útil y necesario, cosa que en el anterior centro educativo le habían anulado.

Dejó de oir voces, de hablar de la muerte en sus escritos, y ahora escribía poesías. Aunque algunas de ellas eran tristes...ya no se consideraba un grito desesperante, sino una forma de melancolía propia de un poeta inspirado .

Como pueden ver, en estos casos hubo solución, pero.....¿Y quien no tiene los suficientes recursos para cambiar situaciones realmente graves?

He aquí algunos de los modos de actuar de diversos testimonios, que pueden servir para conducir algunas situaciones difíciles de llevar:

Emma Sanders:

"Cuando mi pareja aquejada de esquizofrenia, empezaba a hablarme por la mañana con la intensidad que solía hacerlo, voz fuerte, discursos largos, razonamientos interminables.....y yo estaba sin haberme aún despejado, recién levantada, sin mi café....era terrible!!!

Rezaba para no encontrármelo antes de tomarme ese café, pues necesitaba todas mis facultades despiertas para sobrellevar el bombardeo de ideas que me iban a llover como un gran pedrisco... Él se levantaba muy pronto, pues también se acostaba pronto, y ya tenía la agilidad mental lista para organizar el día, incluso la semana entera.....ufff demasiado!

Yo, que normalmente voy viviendo el momento según va viniendo, de pronto me encuentro con que esta persona que vive conmigo, quiere decirme lo que va a pasar, lo que va a hacer, lo que necesito para tenerlo en cuenta....un sinfín de cosas que en mi cabeza que está solo para en ese momento saborear el café y alguna pasta, le supera..

Con toda la paciencia del mundo, le digo: Un momento, cariño, voy al lavabo, que aún no me he tomado el café y no llevo la cabeza puesta todavía.....en plan gracioso, claro.

Así, poco a poco, la embestida de frases a punto de dispararse como una ametralladora, se va deteniendo, amortiguándose.

Cuando salgo del baño (no tenía necesidad, pero fue un..refugio momentáneo) respiro hondo, y le digo amablemente.

Anda, deja que me tome el café y luego te sientas y hablamos.

Antes no reaccionaba bien cuando le decía esto, me decía que no tenía tiempo para esperar, pero cuando le dije que me sobresaltaba mucho y se me ponía el corazón a cien si me empezaba a hablar de repente, entonces lo entendió, y aunque a veces se le olvidaba, si se lo recordaba con cariño, SIEMPRE CON CARIÑO, entonces callaba y esperaba.

La amabilidad, el cariño, el hacerle ver lo que me

perjudicaba y lo que me beneficiaba, era muy importante para hacer que la convivencia fuera soportable e incluso amena. Una vez que asumió todas las rutinas que nos acercaban, la vida fue un bálsamo de paz.

He aquí algunas directrices:

SIEMPRE MANTENER LA CALMA.

SIEMPRE EVITAR DISCUSIONES.

SIEMPRE ESCUCHAR .

SIEMPRE CUIDAR LA ALIMENTACIÓN.

SIEMPRE FOMENTAR HÁBITOS DE HIGIENE Y LIMPIEZA.

SIEMPRE ENCONTRAR UNA ACTIVIDAD EN LA QUE SENTIRSE ÚTILES.

SIEMPRE ESTABLECER LÍMITES.

SIEMPRE DORMIR LO SUFICIENTE.

Nunca expresarles todos nuestros proyectos, empezarán a buscar el lugar que van a ocupar, llegando a saturarnos de preguntas. Es mejor que, una vez que hayamos decidido por ejemplo hacer un viaje, o comprar algún electrodoméstico, o cambiar la decoración de la habitación…comunicárselo justo en el momento de ejecutar esa actividad, así no temerán ese cambio, por muy insignificante que parezca.

He comprobado que en sus miedos internos, cada novedad la someten a un análisis muy riguroso, para contemplar los riesgos y antecederse a ellos.

Nunca, por tanto, pensar en voz alta delante de ellos. Es como un océano de gran profundidad en el que no pueden tocar el fondo. Necesitan fijaciones, no fantasías.

He comprobado que es tan importante la ocupación de su tiempo libre como la alimentación.

Una vez que tengan una actividad en la que se sientan responsables y satisfechos, podrán así tener la rutina necesaria para que el día a día no les dé sensación de vacío.

No hay nada peor que el vacío, si se ven sin nada que hacer, sin un cometido que realizar, por mínimo que sea, pueden caer en depresión.

Si por ejemplo cada día les pides que te traigan el pan, o la fruta, siempre especificando qué tipo de fruta, cuántos kilos, dónde comprarla, y sin prisas...porque si hay muchos clientes pueden llegar a desesperarse y ponerse nerviosos.

Una de las cosas que interviene en la socialización es el estímulo por ayudar a los demás.

Si se da el caso, y están en condiciones de poder hacerlo, sería favorable el que de vez en cuando visitaran a alguna persona que necesite un poco de compañía. Así se verán responsables en tareas como acercarles algún libro, atender a sus mascotas dándoles de comer, o simplemente compartiendo un rato juntos.

Cuando les das las gracias a estas personas, se les llena de júbilo el alma. Pues han podido haber sido recriminadas desde muy pequeñas, cuando eran niños, y con su comportamiento llegaban a molestar.

Por ello, el agradecerles cualquier detalle es una bendición en todos los sentidos.

¿Quién no se siente realmente bien al haber hecho algo útil por los demás?

Ésa es la principal fuente de satisfacción en el ser humano.

Ya que, la vida profesional queda relegada muchas veces a la completa nulidad, al menos al ayudar a otros, demuestran que pueden acometer funciones importantes para algunas personas.

Si nos paramos a pensar, y nos ponemos en su lugar, no podríamos aceptar que , habiendo tenido estudios, gozando de buena salud (si es el caso), siendo personas adultas...estemos tan limitados socialmente.

¿Por qué si padecemos E. el mundo nos aparta?

Sencillamente, es duro reconocerlo, pero es así, aunque no se vea a simple vista como a un lesionado en alguna extremidad por ejemplo, pero existe una "lesión" invisible que determina que esta persona no pueda seguir una vida social como el resto.

Primero, porque dada su tendencia maniática, llegaría a ocasionar conflictos, problemas con las personas que tuvieran que ver con el origen de dichas manías.

Por suerte, la sociedad cada vez está más mentalizada para integrar a todo tipo de personas. Pero una cosa es el dicho y otra el hecho. Si, por ejemplo, estás en una conferencia, y la persona de al lado no deja de rasparse la barba con los dedos haciendo ruido con ese tic, llegas a exasperarte y si puedes, te cambias de sitio.

Si te encuentras en una cola de un supermercado y ves que el que tienes detrás está todo el rato pendiente de qué cola va más rápido, cambiándose de sitio continuamente, nervioso...

Un caso que llegó a resultar curioso, fue un cliente con E. que cada vez que había ofertas de yogures y no había ninguno en la estantería, reclamaba a la dirección para que le reservaran unos cuantos. Llegaba a seguir a las trabajadoras del centro comercial hasta que le daban el resguardo con el que conseguir esa oferta otro día, aunque ya la fecha de la oferta hubiera acabado. Con este caso intento explicar lo obsesivo que pueden llegar a ser, ya que otra persona, si no ve yogures en la estantería que tiene la oferta, no los reclama, simplemente...cogen otros.

Por una parte esta obsesión, esta insistencia tiene una parte positiva. Consiguen lo que quieren. Pero..¿Merece la pena pasar ese apuro? Es lo que diferencia al resto....ellos ansían ese resultado, sin importar la opinión de los demás.

Encontrar un lugar para ayudar a los familiares es vital.

Existen grupos de psicoeducación, destinados a familiares de afectados por enfermedades psiquiátricas, entre las que se encuentra la esquizofrenia y la paranoia.

En esos grupos se trata de intercambiar conocimiento, escucharse y apoyarse.

Pueden asistir padres, hermanos y familiares que estén en contacto directo con el enfermo.

¿En qué afecta esta enfermedad?

En el pensamiento, por lo que se debe educar a tener higiene mental, es decir, llenar su mente con pensamientos positivos y favorables a su autoestima. Repercute en las emociones, pues puede originar depresiones, sensación de aislamiento, así como en la percepción del mundo y de sí mismos, por lo que hay que reforzar mucho su valía como ser social y humano.

La conducta se ve influenciada, pudiendo ser causa de rechazo ante los demás, por lo que hay que anticiparse a la mirada de extrañeza que pueda causar en la gente con su forma de actuar.

El nerviosismo, los tics, hacen que se les mire con cierta molestia, pero si ya les inculcamos que nadie es perfecto, y que mientras no molestemos , se nos debe respetar, entonces verán esa actitud en los demás como algo que deben aceptar, pues cada persona es diferente y tiene derecho a su lugar en el mundo.

Para entender un poco las diferentes manifestaciones de la esquizofrenia, y poderlas clasificar, pues se tiende a poner etiquetas en cada enfermedad, y así saber qué cuadro es el que corresponde a cada trastorno. Más que nada para ver qué grado tiene, pues recalco que las personas no son entes fijos, y que varían según sus circunstancias, como decía Ortega y Gasset...."Yo soy yo y mis circunstancias"

Los psiquiatras tienen un manual llamado DSM-V con esta **clasificación**. Así entre ellos, saben determinar qué síntomas reúne cada uno. Pero siempre teniendo en cuenta que un mismo cuadro clínico puede combinar varias manifestaciones.

Esquizofrenia desorganizada o hebefrénica.-
Incluye falta de concentración, cambios de humor

repentinos, trastornos en el lenguaje, ideas delirantes, falta de emociones, risa desmesurada...

Esquizofrenia catatónica – Falta de reacción ante los estímulos, periodos de silencio continuos, expresión corporal rígida, exaltación repentina injustificable...

Esquizofrenia paranoide – Puede presentarse cierta prepotencia desmesurada, aires de grandeza que convierten a sus iguales en obstáculos a los que llega a insultar ... desconfianza ante el mundo, ansiedad, celos, alucinaciones, delirios..

Esquizofrenia residual – Es la que resulta ante una manifestación que se ha ido tratando, llegando a estabilizarse, pero dejando algunos residuos, como un retraimiento social, algo de excentricidad, forma de pensar algo negativa....

Las causas son un problema químico disfuncional en el cerebro que se ha de tratar, para que no aumente el deterioro y se eviten recaídas. No se debe esperar a que el paciente muestre señales más evidentes para empezar a tratarlo, pues puede llevar a situaciones de verdadero riesgo.

Una de las evidencias para poner en marcha un plan de acción, es cuando confunden lo real y lo imaginario.
También si tienen pensamientos de persecución, sospechando de cualquier persona que le estén intentando hacer daño.

Otra de las manifestaciones es ese aire de superioridad o de grandeza que hace que los demás sean inferiores, o al contrario.

Si de igual modo, se ve que en la expresión facial hay cierta rigidez, incluso desviación, tanto en la mirada, como en ciertos tics que se empiecen a convertir en algo habitual...

Igualmente la agitación constante, el movimiento continuo, la falta de apacibilidad, denotan esa agitación interior.

El carácter irritable ante cualquier nimiedad...

El déficit de atención y falta de concentración, incapacidad de esperar turno...

¿Cómo actuar en casa?

No compararle nunca con los demás, que se sienta aceptado y motivado en sus avances.

Evitar situaciones de stress todo lo posible.

Encomendarle cometidos con precisión sin complicaciones subyacentes.

Respetar su espacio, permitirle su propia expansión en un lugar propio para él.

Respetar sus decisiones a la hora de hacer actividades, no presionar demasiado.

Hablar con él sin enfadarse aunque nos sea agotador repetir con claridad cada mensaje que le queramos hacer entender.

Nunca decirle que le va a ocurrir algo fatídico si no cumple con nuestras expectativas, es decir, no amenazarle con consecuencias que puedan ocurrir, pues lo dan ya por hecho y se cierran en la desgracia que les puede acontecer.

Procurar que entienda que las actitudes violentas o que atenten contra el respeto de los demás no están bien. Siempre con cariño, ofreciendo la mejor estrategia para que convierta su forma de ser sin tantas rarezas y así dar mejor impresión, por lo tanto, ser más querido por los demás.

Distinguir entre los comportamientos que llegan a ser molestos de los que no se pueden consentir. Trabajar con éstos últimos procurando que la convivencia sea llevadera.

Cuidar de que los síntomas no vayan a más, en tal caso hacer una visita al psiquiatra para informarle.

Limitar las interferencias con los miembros de la familia vulnerables, como los niños, a los que se les debe ante todo hacer predominar sus derechos y evitar que el paciente llegue a influir sobre ellos con sus manías, ya que los niños suelen ser unos grandes imitadores.

¿Qué suele pasar en las familias afectadas?

En general, se les viene el mundo encima, sienten que la vida les va a cambiar para siempre, que van a tener que vivir con un trastorno que apenas conocen su dimensión, por lo tanto es como un enemigo invisible que se ha apoderado de su casa, de la paz del hogar.

La persona que lo padece es como si se convirtiera en el principal centro de la familia, determinando a los demás según sus actitudes y conductas.

La desesperación en los padres, por ejemplo, si es un hijo el que ha contraído este trastorno, se compara a la de los que han tenido un accidente y uno de los miembros de la familia ha quedado con graves secuelas.

La tristeza puede ser enorme, los planes para el futuro de ese hijo han cambiado radicalmente, se ha convertido en una persona dependiente y ellos, sus padres y hermanos, en auténticos terapeutas de una enfermedad que no conocen.

Muchos se preocupan de su estado hasta tal punto que están siempre procurando no herir sus sentimientos para que no se desencadenen episodios de depresión que les lleven a pensamientos autodestructivos.

Por ello, se dejan la piel en procurar su estabilidad emocional, a costa de la suya propia, llegando a entrar en verdaderas situaciones de angustia y ansiedad. Los familiares necesitan, por tanto, expandirse y salir de ese entorno muy a menudo para recuperar fuerzas y ganas de afrontarlo todo con ánimo.

En casos de agresividad, algunos familiares temen por conductas que lleguen a dañarles, bien psicológica como físicamente, y por ello ponen cerraduras en las puertas de sus habitaciones, asegurándose por la noche el descanso.

Si uno de los cónyuges es más beneplácito que el otro o, al contrario, no se entienden a la hora de sobrellevar esta situación, empieza a aparecer un distanciamiento entre la pareja, llegando a producirse divorcios y separaciones. Aquí cabe señalar que es conveniente mantener ese control en las emociones, al menos por parte de uno de los cónyuges, que suele ser la mujer por su natural predisposición al entendimiento y comprensión.

Un matrimonio se puede salvar, siempre que en esos momentos difíciles, no se vaya a más la intensidad de los reproches, de las acusaciones, de los temores que llegan a nublar el entendimiento. Parar, callar y esperar a que se calme ese estado de angustia que se ha apoderado de sus mentes y corazones.

Cuando se da mucha importancia al "qué dirán" de vecinos, amistades...pueden sentirse avergonzados de lo que les pasa en casa, entrando así en una profunda depresión que les hace verse discriminados socialmente, pero hoy día este hecho está superado, pues hay campañas que potencian la solidaridad y comprensión con todas las enfermedades mentales, minusvalías, ... Así pues, el problema es de los que miran mal estos trastornos, y necesitan reeducar su actitud ante la presencia de personas con todo tipo de enfermedad.

Para paliar todo posible conflicto familiar respecto a la enfermedad de uno de sus miembros , es necesario reunirse de vez en cuando, poniendo sobre la mesa todo lo que sienten, lo que les afecta, lo que necesitan, y así hacer la convivencia más llevadera. Es una manera de aliviar las tensiones acumuladas, y procura la unión de los familiares, necesaria para la estabilidad y recuperación de su miembro enfermo. Pues, siempre hay solución, y lo que fue un problema se puede convertir en una forma más de vivir, siempre que se lleve la medicación e higiene mental necesaria.

¿Pueden trabajar?

En el satisfactorio caso de haber dado con la medicación acertada, y las conductas aplacadas hasta ser socialmente aceptables, el paciente puede desarrollar actividades a nivel físico y mental (estudios) siempre en ambientes propicios que no le generen stress . No podremos incluirlos en centros ocupacionales que generen ingresos económicos mediante producciones masivas de género, ni tampoco en centros de estudios en los que la superación de los exámenes sea el principal objetivo.

En cambio, se puede integrar en un campo de trabajo donde se valore la participación, la solidaridad, el aprendizaje con o sin grandes expectativas de logros académicos.

Hay programas de voluntariado social que pueden adecuarse a esta necesidad de aportar un poco a la sociedad, de sentirse útil. Acompañar a personas mayores, intercambios lingüísticos, u otras ocupaciones que surjan y que les permitan interactuar con los demás.

Se dan casos de escritores y artistas que han creado grandes obras y nadie sabía de su enfermedad. El carácter surrealista de sus obras se valora de igual modo que a cualquier otra persona que no padezca el trastorno, por lo que se les debe animar a plasmar mediante la creatividad su proceso interno.

En muchos hogares con algún miembro que tenga esquizofrenia, hay tanta unidad y consideración por parte de unos y otros , que son el ejemplo de muchas otras familias, en las que no hay ninguna enfermedad mental pero que no controlan sus expresiones ni se respetan .

Medicación

La curación no es definitiva. Pero son fundamentales para hacer que desaparezcan las conductas y síntomas no permisibles, como son los delirios, alucinaciones, pensamientos destructivos, agresividad, apatía.....

Su efecto es gradual y progresivo, por lo que se debe esperar su resultado tras un periodo prolongado. Una vez un plazo de tiempo recomendable por el psiquiatra, se cambiará o no la dosis o la medicación.

Los neurotransmisores en el cerebro recibirán a través de estos fármacos la química necesaria para variar su función, incidiendo en la dopamina serotonina e histamina, haciendo que las células cerebrales conecten entre sí favorablemente, recuperando el equilibrio que se vio alterado con la enfermedad.Se reduce la cantidad de neurotransmisores en la actividad del cerebro, disminuyendo los síntomas de la enfermedad.

Efectos secundarios: Puede darse un efecto de temblor en las extremidades, parálisis de algún miembro, desviación, parkinsonismo, sobrepeso, disminución de glóbulos blancos...y muchos más aún por determinar.

Entre los neurlolépticos, están el Haloperidol, también adminstrado para tratar la hiperactividad, episodios violentos y conductas agresivas.,Bromperidol, Levomepromazina, Clotiapina, Pimozina Orap-24, Tioridazina, Trifluiperazina, Zuclopentixol, Pipotiazina.. que hacen que la agresividad y los delirios , asi como alucinaciones dejen de hacer su aparición.

Los medicamentos del grupo de los Atípicos, por denominarlos así, no tienen tantos efectos extrapiramidales, es decir, no generan tantos tics ni temblores, parálisis,etc

Entre ellos están la Risperidona, Olanzapina (Zyprexa) éste siendo uno de los más efectivos y más utilizados dado su extraordinaria capacidad de recuperación, también Quetiapina, Clozapna, Ziprasidona, Aripiprazol y Sertindol. Tienen efecto sobre las alucinaciones, haciendo que desaparezcan , así como la falta de coherencia mental, actitudes agresivas , aislamiento y falta de concentración. En caso de convulsiones, están los del grupo que incluyen Carbamazepina, Lamotrigina, Topiramato y Divalproato. Y para paliar la ansiedad, el Clonazapán, Diazepán,Alprazolam y Lorazepán.

Para evitar síntomas parkinsonianos, están el Biperideno y Trihexifenidilo. Para la depresión, Paroxetina, Clomipramina, Fluoxetina, Sertralina. Para las manías, el Carbonato de Litio. Y para las convulsiones, Lamotrigina, Divalproato, Carbamazepina y Topiramato.

Las dosis han de ser regulares, distribuidas en el horario dictado por el psiquiatra, sin alterar la cantidad ni la hora en la que ingerirla. En caso de dificultad en la administración, puede presentarse la posibilidad de inyectarlo si es que hay un preparado en esa forma de aplicarse al enfermo, incluso hay pastillas que fácilmente se disuelven sin necesidad de hacer tragar al enfermo la pastilla existiendo un rechazo ante ésta.

Tener siempre cuidado en no ingerir otro fármaco que pueda alterar el efecto de la medicación, por ello siempre consultar la posible interacción . Por supuesto, que no tome bebidas alcohólicas.

Medidas ante determinados sintomas

.Si la persona empieza a decir que escucha voces, que sólo él puede sentir e incluso contesta en tono alto a dichas voces, procure no gritarle, ni mirarle con hostilidad, cálmese y háblele con tranquilidad. No le pregunte demasiado, tan sólo dígale que usted no escucha nada de lo que le está perturbando a él, pero no le diga que está delirando ni nada por el estilo, intente comprenderle , que si él escucha eso y usted no, no hay que imponer nada, sólo intente cambiar de tema, distráigalo sin mirarle fijamente a los ojos, sin darle importancia a esa circunstancia.

Siempre tratarles con mucha delicadeza y ternura.

Aléjese si observa que empieza a sudar demasiado, cierra los puños, no fija la mirada en ningún sitio y llévela a un sitio tranquilo donde pueda distraerse y relajarse.

Cuando le hable, hágalo con frases cortas y sencillas.

Las manos siempre visibles, que llegue a confiar en usted y en todos sus movimientos, anunciándole por adelantado lo que va a hacer, a dónde va a situarse, pero no delante de él.

No dé más de una orden a la vez.

Déjele el espacio libre para pasar de una estancia a otra si quiere.

Mantenga una actitud positiva, como si no pasara nada, optimista.

No le sancione ni critique, sea amigable.

En cualquier otra situación que no incluya un episodio de crisis, es recomendable que le anime por sus avances, que le apoye en sus objetivos, estimulando su crecimiento en la faceta que más le satisfaga, ofrézcale una visión esperanzadora de lo que llegará a conseguir si sigue con esa actitud favorable.

Oriente su participación en las tareas de la casa, como la cocina, jardinería, lavandería, compras, para que tenga una rutina que le confiera seguridad.

Si hay reuniones a las que tenga que asistir, procure que éstas no incluyan muchas personas. No se sentirán bien si están en grandes concentraciones.

Procure asistir a un centro donde comparta su situación. Otras familias viven lo mismo que usted y es necesario desahogarse, aparte ver cómo otros logran mejoras y poder intercambiar experiencias.

Cuando acepte que esta enfermedad proviene de un desorden químico, dejará de sentir vergüenza porque uno de los miembros de su familia la padezca. Es una enfermedad más, igual que la esclerosis múltiple o el alzhéimer, pero aún la sociedad conserva una percepción al respecto que se ha de evolucionar.

Al no tener cura definitiva, de momento, queda la continua labor de la familia por mantener una calidad de vida aceptable.

Llegando a admitirla, controlando a través de la medicación y la actitud favorable al enfermo todos los síntomas, entonces se puede decir que ya no es una gran carga, como cuando se empezó a manifestar la enfermedad.

Asumida ésta, y manteniendo esa organizada rutina, el enfermo deja de serlo para llevar una vida normal, en un ambiente armonioso y estable.

Se ha dado el caso de muchas familias que antes de sufrir la aparición de la enfermedad en uno de sus miembros, tenían en casa más discusiones y alteraciones de conducta. Tras el tratamiento de la misma, y llegando a determinar los principales pilares de su cuidado, se empezó a vivir una armonía y serenidad en el hogar nunca antes experimentada, pues ya sus miembros procuraban no dar una voz de más ni imponer unos a otros su criterio.

Por tanto, esta enfermedad educa a todos en la familia. Les convierte en personas diplomáticas, respetuosas, cariñosas, optimistas y solidarias.

No tire nunca la toalla, piense que cualquier momento que le sea duro, pasará, que tras esa tormenta en su confusión mental, aparecerá una claridad y se despejará la situación. No *magnimice* cualquier salida de tono que haya podido escaparse de su conducta, pues es reversible, con paciencia y cariño se disipará tal tensión y volverá la paz.

En todo caso, siempre que pueda, consulte a un terapeuta especializado si se llega a sentir impotente y no se ve capaz de sobrellevar determinadas circunstancias.

La terapia cognitivo-conductual ayuda en el caso de que los síntomas no remiten aún con la ingesta de medicamentos.

Los pacientes aprenden a través del terapeuta a distinguir los pensamientos, pudiendo identificar los imaginarios de los reales, adecuando su conducta para evitar nerviosismo.

La terapia cognitivo-conductual o TCC ayuda a que no recaiga y se agraven sus síntomas.

Avances científicos:

El hallazgo de una asimetría volumétrica escorada hacia la izquierda para el globo pálido, uno de los ganglios basales del cerebro, en pacientes con esquizofrenia, ha sido determinante para conocer su repercusión en la conducta .

La motivación y voluntad se ven afectadas.

Con ello, hay una repercusión en la vida social, dificultándola.

Gracias a este hallazgo, se podrá desarrollar alguna estrategia para combatir terapéuticamente esta enfermedad.

Ha sido en Japón, gracias al equipo de Ryota Hashimoto, de la Universidad de Osaka, y a Kiyoto Kasai de la Universidad de Tokio, donde se ha descubierto que el volumen del globo pálido es mayor en personas que padecen esquizofrenia que en personas que no la padecen.

Analizando imágenes cerebrales por visualización de resonancias magnéticas de más de 1500 personas sanas y 850 con esquizofrenia, a través de 11 institutos de investigación, pudieron ver diferencias en los volúmenes regionales subcorticales y sus asimetrías.

Dedujeron que:

Los pacientes con esquizofrenia tenían menor volumen en el hipocampo bilateral, la amígdala, el tálamo y el núcleo accubens, volumen intracraneal.

Sin embargo, estos pacientes tenían mayor volumen en el caudado bilateral, el putamen y alguna otra estructura cerebral.

El putamen presenta tres funciones principalmente: el poder controlar el movimiento, las emociones de odio y amor, el aprendizaje mediante el refuerzo continuo.

Cabe la posibilidad en un futuro de realizar trasplantes de ciertas células para combatir la esquizofrenia.

Se ha comprobado que el sistema de la dopamina, desarrolla una gran hiperactividad, resultando peligrosa en esta alteración de células nerviosas, afectando a los movimientos, emociones y estado cognitivo. Los científicos Stephanie Perez y Daniel

Lodge, de la Universidad de Texas, en el centro de ciencias de la salud de San Antonio, EEUU, sugieren cambiar estas células por otras sanas.

Experimentaron inyectando a cerebros de ratas enfermas células interneuronas de células madre, tomando muestras de tejido de fetos de rata y otras células aisladas de tejido, siendo capaces éstas de convertirse en otros tipos de células. Dicho trasplante restableció la normalidad en el funcionamiento del hipocampo y el sistema de la dopamina.

El trasplante de interneuronas sería pues, una solución definitiva.

Ha de esperar que se valide esta técnica para el ser humano, para poner fin a un continuo tratamiento médico.

Un estudio de la Universidad de Cambridge, por el Dr Sabine Bahn, anunció que se encontraban anomalías en el manejo de la glucosa en personas con esquizofrenia en el inicio de su enfermedad, pudiendo detectarse en la sangre. Gracias a este resultado, muchos enfermos pueden diferenciar claramente su patología, llegando a ser admitida la percepción de sus síntomas como claro signo de una aparición de esquizofrenia. Se llega así a diagnosticar o no según la evidencia de tal anomalía en la sangre. Los biomarcadores se pueden encontrar no sólo en el cerebro, facilitando el diagnóstico.

Tales pruebas para determinar si se padece o no de esquizofrenia, podría facilitar el temprano inicio del tratamiento y evitar que avance.

Bahn dice que con esta prueba del panel de biomarcadores en la sangre, se puede predecir con precisión que una persona vaya a desarrollar la esquizofrenia en los dos años siguientes a la prueba.

La principal causa de que estos ensayos biológicos no se lleven a cabo, es la económica, pues es muy costoso este estudio analítico.

El hecho de poderse realizar esta prueba, daría mayor facilidad para la integración social al enfermo, pues habría evidentes pruebas de que la persona está padeciendo una alteración en sus células, y no se trata de un comportamiento antisocial por su parte.

Se miraría igual a un diabético que a un paciente esquizofrénico.

La gente entendería qué les pasa y por qué.

También se ha investigado la participación de dos mutaciones dañinas en un gen llamado SETD1A, que implica la manifestación de la enfermedad.

Esta mutación tiene que ver con la modificación de la cromatina.

Ésta comporta la organización molecular del ADN para que quepa en la célula y regula el desarrollo de los genes en su expresión física. Por tanto , el daño en los genes reguladores de la cromatina son significativos para sufrir trastornos psiquiátricos.

Una característica que se diferencia en personas con esquizofrenia, es la capacidad de percibir sensaciones producidas por uno mismo con mayor intensidad que cuando procede del exterior o es inesperado. La publicación Consciousness and Cognition, explica que hay una interrupción de ciertos procesos cognitivos que permiten distinguir entre las propias acciones de las de otros. Por tanto, las personas con esquizofrenia perciben con mayor intensidad la producción propia de estimulación somatosensorial.

Estos síntomas deben tratarse, pues si avanzan pueden llegar a perder el control.

Testimonio de una persona cuyo hermano padecía esquizofrenia

Estamos ante una enfermedad que hay que sobrellevar, hacer que afecte lo mínimo en las vidas del paciente y quienes le rodean. ¿Se ve impotente ante ello?

No se aflija. Ha de buscar la manera de vivir con ello, ¿Cómo? Me imagino que si ud ha venido a estas sesiones de grupo es para intentar dar con alguna técnica que le ayude en el día a día.

Si ya en una situación normal, puede haber momentos en los que no se está de humor para tolerar según qué conductas de nuestros semejantes, en el caso de que tengamos un miembro de nuestra familia con esquizofrenia, el tema es más delicado. Es importante que, en todo momento de crisis hay que esperar a que pase el malhumor, me refiero al nuestro, pues éste crece cuando vemos que todo se nos hace cuesta arriba .

Los nervios juegan malas pasadas, es preferible aislarse antes que dar una mala contestación, un reproche, una afirmación que sentencie negativamente al enfermo, una amenaza….todo ello es sumamente perjudicial para ud y para él.

Llegará la oportunidad para, con calma, exponer lo que representan esas actitudes y comportamientos para la convivencia, con ánimo de procurar un entendimiento, para acercar, no para separar, para convivir en armonía.

Siempre enlazando el amor, el cariño en este empeño.

En caso de no poder más, de ver que está a punto de explotar, es una salida de emergencia ir a dar un paseo, a respirar, cambiando así el escenario para cambiar poco a poco de pensamientos. Llegará a desdramatizar el acontecimiento que le tenía en vilo y regresará con energía para mediar sin haber dado voces ni haber incrementado la tensión.

Si no podemos salir de casa, porque tenemos cometidos dentro para realizar, aunque sea entre en el cuarto de baño, dese una ducha rápida, sienta correr el agua por su piel, refresque su cabeza, su espalda, respire dentro profundamente, y si necesita llorar, llore. Es un alivio desahogar esa congoja que le llena de rabia e impotencia, porque ud no es un psicólogo, ni un terapeuta, no posee ningún curso en control de las emociones, y debe cuidarse por ello, para fortalecerse, porque tras esta experiencia que le ha dado la vida, saldrá mucho más fuerte y más sabio. Ud va a saber cómo decir a su mente que calle ciertas cosas para no hacer daño, ud va a saber cómo decir a su mente que se calme para escuchar ciertas cosas que le van a exasperar quizás, pero que al final tendrá su recompensa: paz en su hogar.

Los gritos, los enfados, las malas contestaciones, aunque sean para defender nuestros propios derechos ante lo que nos irrita, son algo nefasto.

Cada día es una nueva oportunidad para empezar, para ir dibujando el paraíso que queramos vivir o el infierno que queramos sufrir.

Depende de nosotros procurarlo o evitarlo.

No pelean dos si uno no quiere, se suele decir.

Ahora bien, ¿Qué hacer para fortalecerse? Porque ud va a ser el hombre o la mujer más fuerte de la Tierra, va a hacer que en su hogar se pueda vivir tranquilamente, y eso no es fácil con personas que tienen esquizofrenia. Si el tratamiento es el correcto y van corrigiendo las alteraciones que impiden hacer una vida normal, el familiar que la padece suele mantener ciertas actitudes que desencadenan esa constante atención por parte del resto de la familia.

En cuanto a mi experiencia personal, la persona con esquizofrenia tenía muchas manías, como por ejemplo utilizar todos los aseos de la casa, uno para cada diferente uso, por ello nos tenía a la familia siempre en vilo a ver qué lavabo iba a usar, pues cuando iba a uno ellos, no podía esperar más de dos minutos, sino, se ponía nervioso. Con el dinero era un problema, pues al principio le daba una asignación para sus gastos, pero descubrí que dejaba dinero a algún amigo o amiga que después no se lo devolvía. Entonces continuamente nos pedía dinero a la familia, como anticipo de esa deuda. Y así hasta que pudimos resolverlo con paciencia, pues era verdadera obsesión la que tenía en ir dejando dinero que pedía a la familia. Yo estaba tan deprimida de esta situación que se me empezó a caer el pelo, a engordar, a dejarme...hasta que una amiga me recomendó asistir a un grupo de apoyo de familiares de enfermos mentales. Allí pudimos iniciar un programa para que me recuperara, para que volviera a tener ilusión y afrontar ese problema.

Empecé a ser determinante en todas esas manías que importunaban a la familia. Le asigné un lavabo para él, con todas sus cosas, y así los demás estaban más libres de utilizar el resto. Establecí unas rutinas para él: cada día él debía ir a una precisa tienda a comprar un tipo preciso de pan, a la frutería a comprar un determinado tipo de tomates, al supermercado a por un preciso tipo de yogures y agua. Tenía un dinero justo para esos gastos, por lo que no podía dejar ya dinero a nadie. El compromiso de llevar esos productos a casa era más fuerte que la inclinación a dejar dinero a esas personas. Supimos que realmente no necesitaban de ese dinero, sino que era para caprichos, cosa que con mucha sutileza le hicimos entender. Descubrimos con esa actitud hacia esas personas, era más bien para hacerse querer, parar buscar una aprobación, para sentirse útil. Cuando vio que en casa le valorábamos por contribuir con las compras y después fregando los platos , tendiendo la ropa, arreglando su habitación, aseándose , entonces dejó de buscar la aprobación fuera de casa, dejó de "comprar" la aceptación.

Gracias a la paciencia y el hablar con suavidad, conseguí que revirtiera una de sus otras inclinaciones: la idea del suicidio.

Antes de venir a vivir con mi marido y mi hijo, mi hermano vivía con otra hermana, la cual no controlaba los nervios y antes nimias situaciones que le parecían molestas, armaba una escena. Ello le llegó a tentar la idea de tirarse al vacío, pues sufría por ver alrededor demasiada tensión.

Tengo que decir que mi hermano contrajo la enfermedad a raíz de un episodio de estrés en el trabajo, pues era chófer de autobuses urbanos y cada día iba sujeto a prisas y pasajeros de toda índole, en uno de los barrios más conflictivos de Barcelona.

La relación con su ex mujer no era buena, por tanto, el desencadenante químico propio de los que padecen esta enfermedad, unido al estrés y la mala convivencia conyugal, hicieron que se manifestara un cuadro psicótico. Emprendió sucesivas discusiones con algunos pasajeros que , posteriormente se añadieron a comportamientos algo agresivos, alucinaciones, tendencias religiosas demasiado extremas, intereses ocultitas....que derivaron en la inmediata visita al psiquiatra el cual diagnosticó la enfermedad.

Gracias a un buen tratamiento lleva una vida normal, mantiene conversaciones inteligentes, demasiado profundas muchas veces, pero cada vez más procura atinar el límite de lo que puede llegar a ser molesto, la entonación de la voz, procurándola más baja , las exposiciones verbales de sus pensamientos, cada vez menos prolongados, hasta que se llega a sentir que ha superado la enfermedad. Pero no se puede bajar la guardia. No debo olvidar que su mente es frágil, que tengo que cuidar cada mensaje que le llegue, que si me pongo a hablar de mis cosas tengo que vigilar de no comentar sobre los planes que tenga para alguna fecha, como en vacaciones, pues ya comenzaría a inquietarse de qué sucederá, ante tal cambio en la rutina. Procuro que, una vez tenga todos los datos de lo que vamos a hacer, cuándo, cómo, entonces sí hacérselo saber para que no empiece a plantear millones de preguntas .

El énfasis , diría yo, es la característica que más lo define. Por una parte, es una virtud, pues matiza tanto cada pormenor que garantiza el éxito en la consecución de todo lo que se propone. Por otra parte, llega a agotar a los que ese pormenor relaciona. Por ello, en esos momentos de

interrogatorios y elucubraciones que llegan a
bombardear la cabeza del que lo escucha, en este
caso yo, pues soy la que está cien por cien con él, es
muy importante tener toneladas de paciencia y
saber hacer, savoir faire....

Una fórmula que funciona, al menos a mí, es, si
me sorprende la tormenta de ideas en pleno
despertar, cuando bajo a la cocina a tomar café y él
empieza a hablar y hablar...pidiéndome consejo
sobre tal cosa o que le haga ya la lista de lo que va
a hacer y todos los detalles exhaustivos, entonces
le digo que un momento, por favor, que voy al
baño.

Esos minutos de tregua son suficientes para
bloquear los impulsos de decir basta ya, vale, que
es muy pronto para empezar a arreglar el país...y
me preparo para , con mucha lentitud y calma, ir
haciendo el café mientras le voy escuchando.....
entonces le miro, sonrío, le veo como una persona
que está luchando por mantener el equilibrio en la
cuerda floja de su enfermedad, que lo está
consiguiendo, que ante todo quiere colaborar, y ,
cerrando la puerta para que los demás no se
despierten si es que siguen dormidos, le voy
explicando todo lo que necesita. Siempre con
respeto, y sobretodo firmeza.

Necesita firmeza, seriedad, saberse regido por unas normas, que si son seguidas, se mantiene esa armonía que tanto valora. Pues a menudo recuerda la convivencia con la otra hermana como una mala experiencia, donde sólo había reproches y poco entendimiento.

Hoy día, mi hermano colabora como voluntario en una asociación para ayuda a los ancianos de diversas residencias, es querido, respetado, y valorado. Puedo decir que ha superado sus miedos, que ha sabido reconocer los límites de lo que le hace ser socialmente aceptado y que incluso puede llegar a formar una nueva familia junto a una chica que ha conocido , pues ha forjado un carácter amable y solidario, y él más que muchas personas, sabe ahora apartar de su vida la negatividad.

Últimas palabras del autor

Querido lector, lectora, espero que haya encontrado en estas líneas el reflejo de lo pudiera estar buscando en su personal vivencia . Cada persona es un mundo, por lo que ud tendrá sus propias circunstancias que precisarán de unas pautas determinadas que faciliten este camino junto al familiar que padezca esta enfermedad. Yo sólo he dejado unas humildes muestras de lo que se puede intentar, dados los buenos resultados obtenidos con tales tácticas, pero lo que es bueno para unos , no lo es tanto para otros. Sólo una cosa sí es efectiva: El cuidarse uno mismo, salvar la integridad personal, la fortaleza interior, no perder la ilusión por la vida, tener sueños y querer cumplirlos a pesar de los pesares. Y tener esperanza de que todo cambie para bien. El amor, el cariño, el respeto, la dedicación, la comprensión, da su fruto. No lo olvide nunca. Saque de cada situación lo mejor de ud mismo, sálgase de su perspectiva de persona de a pie para verse como el mejor coaching del mundo orientando las emociones de los suyos hacia la positividad. Y aunque no parezca fácil a veces, que se pasen por duros momentos, piense que toda tormenta cesa y después sale el sol de nuevo.

Muchas gracias por haber leído este manuscrito. Es mi contribución para apoyar, desde este espacio a todos los que se sienten perdidos en el océano del noséquehacer y encontrar ese faro que impida su deriva, que, en realidad es, el convencimiento de que el ser humano todo lo puede.

Entidades que ofrecen ayuda y apoyo

A través de internet se pueden localizar las distintas asociaciones y entidades que trabajan para asistir tanto a los enfermos como a las familias de los afectados.

No he querido incluirlas en este libro porque ocupan mucha extensión y algunas están continuamente cambiando de emplazamiento, por lo que es mejor que ud mismo las localice bien por la red o preguntando en el Centro de Bienestar Social de su destino.

Muchas de ellas cuentan con los medios para hacer más llevadero este camino y le podrán aconsejar según sea su caso de las pautas a seguir para lograr una buena convivencia.

No hay nada mejor que sentirse acompañado en este duro caminar, no olvidemos que todos somos parte del sistema y por tanto, nos tenemos que dejar ayudar con todas las facilidades que se nos brinde en esta vida.

Un afectuoso saludo y adelante siempre, todo se puede conseguir.

99080996R00031

Made in the USA
Middletown, DE
11 November 2018